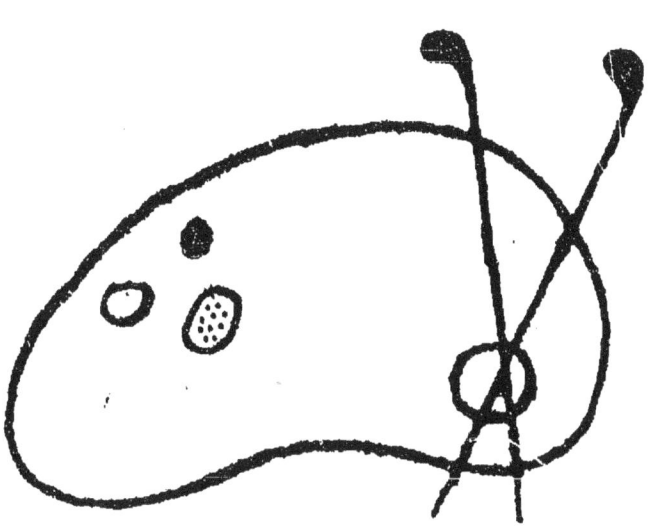

Début d'une série de documents en couleur

ÉTABLISSEMENT ET CORRESPONDANCE

DES

DEUX MONDES

CÉLESTE ET TERRESTRE

PAR

Jn-EMILE FILACHOU
Docteur ès-Lettres

Sicut in cœlo, et in terrâ.
MATH., VI, 10.

MONTPELLIER
BEAUMEVIELLE (Anc. Maison Seguin)
Rue Argenterie, 25

PARIS
DURAND ET PEDONE-LAURIEL
Rue Cujas, 9

1890

SUITE DES OUVRAGES DU MÊME AUTEUR

Études de Philosophie naturelle

- N° 1. SYSTÈME DES TROIS RÈGNES DE LA NATURE. in-12. 1864.
- N° 2. RÉPONSE DIRECTE A M. RENAN, OU DÉMONSTRATION PHILOSOPHIQUE DE L'INCARNATION. 1 vol. in-12. 1864.
- N° 3. DE L'EXPÉRIENCE DE MONGE AU DOUBLE POINT DE VUE EXPÉRIMENTAL ET RATIONNEL. 1 vol in-12. 1869 (3° édition).
- N° 4. DE L'ORDRE ET DU MODE DE DÉCOMPOSITION DE LA LUMIÈRE PAR LES PRISMES. 1 vol. in-12. 1870.
- N° 5. DE L'ORDRE ET DU MODE DE DÉCOMPOSITION DE LA LUMIÈRE PAR LES PRISMES. Nouvelles preuves à l'appui. In-12.
- N° 6. SENS ET RATIONALITÉ DU DOGME EUCHARISTIQUE. In-12.
- N° 7. DÉMONSTRATION PSYCHOLOGIQUE ET EXPÉRIMENTALE DE L'EXISTENCE DE DIEU. 1 vol. in-12. 1873
- N° 8. DE L'ORDRE ET DU MODE DE DÉCOMPOSITION DE LA LUMIÈRE PAR LES BORDS MINCES. 1 vol. in-12.
- N° 9. LE SYSTÈME DU MONDE EN QUATRE MOTS. 1 vol. in-12.
- N° 10. CLASSIFICATION RAISONNÉE DES SCIENCES NATURELLES. 1 vol. in-12.
- 2° Série : N° 1. LA MÉCANIQUE DE L'ESPRIT CONFORME AUX PRINCIPES DE LA CLASSIFICATION RATIONNELLE. 1 vol. in-12.
- N° 2. ORGANISATION ET UNIFICATION DES SCIENCES NATURELLES. 1 vol. in-12.
- N° 3. L'HISTOIRE NATURELLE ÉCLAIRÉE PAR LA THÉORIE DES AXES (avec planche). 1 vol. in-12.
- N° 4. LA MÉCANIQUE DE L'ESPRIT PAR LA TRIGONOMÉTRIE. 1 vol. in-12.
- N° 5. LA CLASSIFICATION RATIONNELLE ET LE CALCUL INFINITÉSIMAL. 1 vol. in-12.
- N° 6. LA CLASSIFICATION RATIONNELLE ET LA PHÉNOMÉNOLOGIE TRANSCENDANTE (avec planche). 1 vol. in-12.
- N° 7. LA CLASSIFICATION RATIONNELLE ET LA GÉOLOGIE (avec planche). 1 vol. in-12.
- N° 8. LA CLASSIFICATION RATIONNELLE ET LA PRAGMATOLOGIE PSYCHOLOGIQUE. 1 vol. in-12.
- N° 9. LA CLASSIFICATION RATIONNELLE ET LA PNEUMATOLOGIE MÉCANIQUE. 1 vol. in-12.
- N° 10. ÉLÉMENTS DE PSYCHOLOGIE MÉCANIQUE. 1 vol. in-12.
- 3° Série : N° 1. IDENTITÉ DU SUBJECTIF ET DE L'OBJECTIF (avec planche). 1 vol. in-12
- N° 2. LE VRAI SYSTÈME GÉNÉRAL DE L'UNIVERS. 1 vol. in-12.
- N° 3. ORIGINE DES MÉTÉORITES ET AUTRES CORPS CÉLESTES. 1 vol. in-12.

SUITE DES OUVRAGES DU MÊME AUTEUR

N° 4. SOURCES NATURELLES DU SURNATUREL. 1 vol. in-12.

N° 5. PRODROME DE CHIMIE RATIONNELLE. 1 vol. in-12.

N° 6. DU PREMIER INSTANT DANS LA SÉRIE DES ÊTRES ET DES ÉVÉNEMENTS. 1 vol. in-12.

N° 7. FINS ET MOYENS DE COSMOLOGIE RATIONNELLE. 1 vol. in-12.

N° 8. DE LA CONTRADICTION EN PHILOSOPHIE MATHÉMATIQUE. 1 vol. in-12.

N° 9. DU PÉCHÉ ORIGINEL ET DE SON IRRÉMISSIBILITÉ. 1 vol. in-12.

N° 10. TRANSCENDANCE ET VARIABILITÉ DES IDÉES RÉELLES. 1 vol. in-12.

4° Série : N° 1. GRACE ET LIBERTÉ, FONDEMENTS DU MONDE VISIBLE. 1 vol. in-12.

N° 2. COMMENTAIRE PHILOSOPHIQUE DU PREMIER CHAPITRE DE LA GENÈSE. 1 vol. in-12.

N° 3. ERREURS ET VÉRITÉS DU TRANSFORMISME. 1 vol. in-12.

N° 4. DU DEVENIR ET DE LA NATURE DES CORPS EN GÉNÉRAL. 1 vol. in-12.

N° 5. NOUVELLES CONSIDÉRATIONS SUR LES CORPS CÉLESTES EN GÉNÉRAL ET EN PARTICULIER. 1 vol. in-12.

N° 6. PRINCIPES DE COSMOLOGIE. 1 vol. in-12.

N° 7. PRINCIPES DE GÉOLOGIE. 1 vol. in-12.

N° 8. LE MONDE RÉEL, OU DIEU, L'ANGE, L'HOMME. 1 vol. in-12.

N° 9. PRINCIPES DE PHYSIOLOGIE. 1 vol. in-12.

N° 10. LES TROIS CENTRALITÉS (avec planche). 1 vol. in-12.

5° Série : N° 1. DU MOUVEMENT HYPERBOLIQUE ET DE SES APPLICATIONS. 1 vol. in-12.

N° 2. VARIATION DES FACULTÉS. 1 vol. in-12.

N° 3. DE LA CONFUSION DES LANGUES. 1 vol. in-12.

N° 4. LES TROIS GENRES DE LUMIÈRE OBJECTIVE. 1 vol. in-12.

N° 5. BASE RATIONNELLE D'UNE THÉORIE MÉCANIQUE DE LA MATÉRIALITÉ. 1 vol. in-12.

N° 6. DE LA PARTHÉNOGÉNÈSE. 1 vol. in-12.

N° 7. LA VIE ASTRALE. 1 vol. in-12.

N° 8. PRINCIPES DE PHYSIQUE SOLAIRE. 1 vol. in-12.

N° 9. PRINCIPES DE PSYCHO-PHYSIQUE STELLAIRE. 1 vol. in-12.

N° 10. VUE DU MONDE ET DES ÊTRES EN CUBE. 1 vol. in-12.

N° 11. PREMIER CHAPITRE DE PHYSIOLOGIE VITALISTE. LES GÉNÉRALITÉS. 1 vol. in-12.

Montpellier. — Typ. Louis Grollier père.

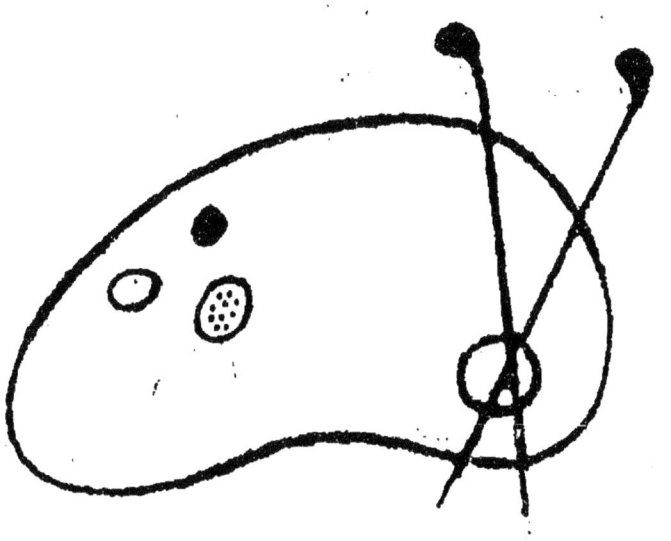

Fin d'une série de documents en couleur

ÉTABLISSEMENT ET CORRESPONDANCE

DES

DEUX MONDES CÉLESTE ET TERRESTRE

POUR PARAITRE SUCCESSIVEMENT

N° 2. ROLES INVERSES DU PUNCTUM CÆCUM ET DE LA TACHE JAUNE. 1 vol. in-12.

N° 3. ÉGAREMENTS ET REDRESSEMENTS DE LA SCIENCE MODERNE. 1 vol. in-12.

N° 4. CORRÉLATIONS DES PRINCIPES COSMIQUES : FORCE, RAISON, VERTU. 1 vol. in-12.

N° 5. LES DEUX CENTRALITÉS, RUDIMENTS DU MONDE INVISIBLE. 1 vol.

N° 6. DU PARALLÉLISME ENTRE LA LOGIQUE EL LA PHYSIQUE. 1 vol. in-12.

N° 7. LE MAGNÉTISME DÉMONTRÉ EN PRINCIPE. 1 vol. in-12.

N° 8. LE MAGNÉTISME CONSIDÉRÉ DANS SON FONCTIONNEMENT. 1 vol. in-12.

N° 9. LES DEUX MAGNÉTISMES CRISTALLIN ET ANIMAL. 1 vol. in-12.

N° 10. LA FEMME. 1 vol. in-12.

7° Série : N° 1 DE L'ÉLECTRICITÉ : SON ORIGINE ; SA NATURE ; SES PROCÉDÉS.

N° 2. DE LA CONTROVERSE RELIGIEUSE EN GÉNÉRAL ET DU DÉLUGE UNIVERSEL EN PARTICULIER. 1 vol. in-12.

N° 3. SYSTÈME RATIONNEL DE GÉOLOGIE. 1 vol. in-12.

N° 4. DE LA LUNE ET CONSORTS. 1 vol. in-12.

N° 5. DU NÉBULAIRE CÉLESTE EN GÉNÉRAL. 1 vol. in-12.

En vente chez BAUMEVIELLE, libraire
Rue Argenterie, 25, à Montpellier

OUVRAGES DU MÊME AUTEUR

EXAMEN DE LA RATIONALITÉ DE LA DOCTRINE CATHOLIQUE. 1 vol. in-8. 1849.

LA CLEF DE LA PHILOSOPHIE, OU LA VÉRITÉ SUR L'ÊTRE ET LE DEVENIR. 1 vol. in-8. 1851.

TRAITÉ DES FACULTÉS. 1 vol. in-8. 1859.

DE CATEGORIIS. DISSERTATIO PHILOSOPHICA. 1 vol. in-8. 1859.

PRINCIPES FONDAMENTAUX DE PHILOSOPHIE MATHÉMATIQUE. 1 vol. in-8.

DE LA PLURALITÉ DES MONDES. 1 vol. in-12. 1861.

TRAITÉS DES ACTES. Sommaire de Métaphysique. In-12. 1862.

LA LÉVITATION ET LA REVUE SCIENTIFIQUE. 1 vol. in-12. 1886.

CLEF DE LA SCIENCE EN L'APPAREIL THORE. 1 vol. in-12. 1887.

IDENTITÉ DE LA NOUVELLE FORCE THORE ET DU MAGNÉTISME ANIMAL. 1 vol. in-12. 1888.

DU VITALISME EN PHYSIOLOGIE COMME SCIENCE. 1 vol. in-12. 1888.

LES SECTIONS CONIQUES EN PHYSIOLOGIE RATIONNELLE. 1 vol. in-8. 1888.

DES SÉRIES EN PHYSIOLOGIE RATIONNELLE. 1 vol. in-8. 1888.

COSMOLOGIE ET VITALISME SOUS MÊME FORMULE GÉNÉRALE. 1 vol. in-12.

DE LA SUPERPOSITION DES PUISSANCES EN REPRÉSENTATION INTERNE-EXTERNE. 1 vol. in-12.

DES VRAIS MILIEUX ET DE LEURS ROLES. 1 vol. in-12. 1889.

DE L'INCONSCIENCE. 1 vol. in-12. 1890.

LES TROIS SORTES D'OBJECTIVITÉS VIRTUELLE, FORMELLE, PHYSIQUE. 1 vol. in-12

ÉVIDENCE MATHÉMATIQUE DE L'EXISTENCE DE DIEU.

ÉTABLISSEMENT ET CORRESPONDANCE

DES

DEUX MONDES

CÉLESTE ET TERRESTRE

PAR

Jⁿ-EMILE FILACHOU

Docteur ès-Lettres

Sicut in cœlo, et in terrâ.
MATH., VI, 10.

MONTPELLIER	PARIS
BEAUMEVIELLE (Anc. Maison Seguin)	DURAND ET PEDONE-LAURIEL
Rue Argenterie, 25	Rue Cujas, 9

1890

Montpellier, typographie Louis Grollier père, boulevard du Peyrou

AVANT-PROPOS

S'il y a des mystères dans la religion, on ne devrait pas s'en étonner ; car c'en est la place naturelle. La religion est faite pour suppléer la science, dans son actuelle impuissance à résoudre clairement toutes les questions dont la solution importe à la morale et à la société. Ne pouvant parler à l'intelligence, elle s'adresse au cœur, et résout alors par la *foi* ces questions de la manière la plus utile, en attendant et désirant que la science fasse mieux un jour.

Mais, où les mystères sont réellement déplacés, c'est dans le domaine de la science elle-même, où précisément ils fourmillent. Nous citerons pour exemple l'hypothèse de l'éther universellement admis pour expliquer la communication des deux mondes céleste et terrestre, sans qu'on sache seulement ce qu'on en doit penser à titre de matériel ou d'immatériel, et de continu ou de discontinu : grand mystère par conséquent. Mais il est un autre exemple encore plus frappant, et très-simple d'ailleurs : nous voulons parler de l'explication universellement donnée depuis Newton du mouvement révolutif planétaire, qu'on dérive alors d'une certaine force *tangentielle*, concourant avec une autre force centripète, mais venant elle-même on ne sait d'où ; car l'idée d'en attribuer l'émission à la Divinité n'en rachète aucunement l'intrinsèque inanité radicale. Au § 10 de cet écrit, nous nous expliquerons nous-même sur cette question fondamentale concernant l'origine du mouvement rotatoire en général. Un troisième exemple bon à signaler ici nous semble être celui qui concerne l'application de la spectroscopie à la reconnaissance de l'intrinsèque constitution ou notion des êtres physiques : dès que cette constitution ou nature se révèle à nous par la seule décomposition de la lumière, il ne doit pas seulement nous être possible de déterminer les rapports *physiques* des deux mondes céleste et terrestre, nous devons encore être capables d'en assigner les rapports *virtuels* et *moraux*, car la scintillation des étoiles est chose bien certainement d'origine interne ou subjective, et par conséquent autant volontaire que naturelle ; ce dont la complète méconnaissance par la science nous la montre constamment en présence de mystères lui méritant le reproche de n'être aucunement ce qu'elle prétend être. La science digne de ce nom ne doit point avoir d'autre devise que ces trois mots : *point de mystères !...* Depuis longtemps nous en avons fait la nôtre.

ÉTABLISSEMENT ET CORRESPONDANCE

DES

DEUX MONDES CÉLESTE ET TERRESTRE

1. Il n'est peut-être point dans la doctrine biblique et chrétienne d'article plus contredit et plus ridiculisé même par les savants modernes en général, que la mise sur le même pied, par elle, du ciel et de la terre.

En disant qu'au commencement Dieu créa simultanément le ciel et la terre, ou que la volonté de Dieu doit se faire en la terre comme au ciel, Moyse et J.-C. ont clairement fait, de cette équivalence en temps et lieux, un point fondamental que nul ne peut rejeter sans contester l'infaillible enseignement de l'un et de l'autre ; et cependant combien cet enseignement n'est-il point en apparence sujet à contradiction ou critique ? Les cieux ne sont-ils point en quelque sorte le monde entier, dont la terre constituerait à peine de son côté, sans la moindre exagération, un imperceptible élément ? Et mettre alors en parallèle ou sur le même pied terre et ciel, n'est-ce pas la même chose que si l'on comparait au globe terrestre un invisible atome ? Une semblable manière de voir attesterait donc, chez ses instituteurs ou partisans, un état de naïve simplicité tenant de l'enfance ; et, si la bonne foi l'excuse, la Science au moins ne saurait l'admettre dans sa prétendue plus positive ou mieux entendue Conception de l'Univers ainsi que de la puissance divine, conception dont la raison la plus plausible semble garantir à ses yeux la parfaite exactitude ou vérité.

Néanmoins, quelque plausible que soit cette critique de la doctrine biblique et chrétienne, elle n'en est pas moins foncièrement erronée ni gratuite. En la formulant, les savants modernes ont l'immense tort de ne s'inspirer que de l'agent *physique* ou *formel* du monde *objectif* et d'en négliger le côté *subjectif* ou *virtuel* vraiment opposable (par l'importance et la multiplicité de ses caractères) au précédent :

n'envisageant ainsi qu'une face de la question présente, ils dénient avec une espèce de bonne foi la justesse d'un parallèle qu'ils ne seraient point certainement les derniers à reconnaître s'ils se décidaient en pleine connaissance de cause. Ce qu'il nous faut démontrer ici, c'est donc l'existence réelle, à côté du monde *physique* et *formel* objectif, d'un autre monde *virtuel* et *moral* subjectif, non moins foncièrement valable et remarquable par son *intensité* que ne l'est l'immédiatement plus apparent par son *extension*.

2. A bien considérer la chose, les deux mondes que nous prétendons opposer l'un à l'autre comme équivalents, coexistent incessamment et s'impliquent même *absolument*; mais, *relativement* envisagés, ils ne s'abordent point sans l'emporter tour à tour chacun sur son corrélatif; et de là vient, non seulement qu'on les peut distinguer, mais encore qu'on ne peut s'empêcher de les séparer ou concevoir dispersés dans l'espace, l'un avec la note d'immense développement qui le caractérise, et l'autre avec la note inverse de non

moins infinie concentration bien suffisante pour l'ériger en digne rival du précédent. Ainsi conçus, ils ont nécessairement un même centre *adsolu* radical : seulement, l'excessivement plus réduit *intensif* doit être alors, sans pouvoir se confondre avec le centre *absolu* lui-même, constamment en état de s'y rattacher assez sensiblement pour figurer encore comme *central* à l'égard du plus apparent *extensif* respectivement *périphérique;* et les deux sont en conséquence et d'une manière générale entre eux dans le rapport de centre $= 1^{-3}$ à contour $= 1^{+3}$.

Comment cette coexistence *absolue* des deux se concilie-t-elle maintenant avec leur double rôle *relatif* de centre et de contour : c'est ce dont nous allons tâcher immédiatement de rendre compte.

La première chose à déterminer à cet égard est la manière de concevoir leur concentration commune *absolue*. Nous la concevons comme effectuée sous la forme d'un immense *sphéroïde* où les deux mondes céleste et terrestre sont tout d'abord inclus et même identifiés ou confondus comme tout *imaginaires* en premier lieu ; car, ce sphéroïde ne pouvant avoir qu'un centre, le centre en est forcément commun aux deux mondes à la fois. Incontinent après, en admettons-nous cependant la distinction : nous devons du même coup les supposer transformés, en se réalisant, en deux *ellipsoïdes* ayant assurément toujours même centre *absolu radical* — celui du sphéroïde originaire —, mais désormais bien différenciés pourtant par la direction de leur axe principal respectif ; — le monde *extensif* céleste l'ayant par exemple dans la direction *est-ouest*, et l'*intensif* terrestre l'ayant dans la direction *nord-sud*. Ces deux grands axes, rectangulaires l'un à l'autre, n'en excluent point un troisième, encore rectangulaire à leur plan commun, et caractéristique d'un troisième *ellipsoïde* conforme aux deux précédents ; mais, n'ayant point intérêt à nous occuper dès maintenant de ce troisième ellipsoïde seulement utilisable plus tard en la conception et l'installation d'un monde tout particulièrement *virtuel* ou *moral* supérieur aux deux céleste et terrestre ici considérés, nous concentrerons pour le moment notre attention sur ces deux derniers, et formulerons à leur égard, en les considérant sous leurs principaux aspects au moins, cette proposition : qu'ils sont, au seul *sens* près, *semblables* en tout, ou bien qu'on ne saurait rien voir de plus conforme d'une part, ni de plus contraire de l'autre.

3. Commençons par nous expliquer sur leur genre de grandeur respective. Le caractère d'*objectivité* leur est d'abord commun ; et c'est ce qui fait qu'ils ne s'excluent point *absolument*, mais apparaissent *relativement* ou partiellement superposables : néanmoins, cette même objectivité commune théorique s'en différencie de suite gravement, comme principalement toute sensible ou *physique* chez l'un ou le terrestre, et principalement tout intellectuelle ou formelle chez l'autre ou le céleste ; et de là résulte cette autre différence encore essentielle ou fondamentale dont nous nous entretiendrons bientôt au sujet de l'inversion, à savoir, que, l'évolution du monde sensible terrestre s'effectuant en série continue décrois-

sante, l'évolution de l'intellectuel céleste s'effectue contrairement en série continue croissante.

Après la question des *genres* vient celle des *espèces* qui nous ramène à la considération des grands axes d'ellipsoïde, sur lesquels doivent se trouver les deux foyers propres à chacun de ces corps. En vertu de la loi d'inversion dont nous parlions tout à l'heure et qui suppose (pour continu ralentissement de vitesse évolutive) l'ellipsoïde terrestre décroissant *fini*, comme (pour incessant accroissement de vitesse évolutive) l'ellipsoïde céleste croissant *indéfini*, le terrestre doit apparaître inclus dans le céleste, tout en lui restant équivalent pour égalité de son *intensité* propre, à l'*extension* de son rival ; et par suite l'on conçoit que l'excentricité des deux foyers du terrestre soit beaucoup plus petite (sans disproportion néanmoins) que l'excentricité des deux foyers du céleste ; mais que, la proportionnalité des deux écarts de foyer à foyer en chaque ellipsoïde une fois observée, les deux ne sauraient d'abord ne pas différer *semblablement* du commun sphéroïde originaire dont ils ne sont chacun qu'une transformation dérivée spéciale, et puis ne pas différer inversement l'un de l'autre comme l'exigent ou le comportent leurs deux *genres* fondamentaux respectifs. Examinons-en donc successivement la *commune* différence avec le sphéroïde radical, et l'*exceptionnelle* différence de l'un à l'autre.

Comment le sphéroïde radical, dépourvu de toute excentricité pour entière superposition en lui de tous foyers en son centre essentiellement un, pourrait-il être construit, sinon de couches sphériques aussi superposées régulièrement en plus ou moins grand nombre, et chez lesquelles d'ailleurs la densité décroîtrait comme le volume croîtrait en passant d'une couche à l'autre? Émanant alors de cette unique et même forme solide et régulière originaire sous même forme encore, nos deux ellipsoïdes ne peuvent point certainement éviter d'être encore au moins formellement ressemblants entre eux ; et par conséquent, si chacun d'eux reprend en petit le rôle de centre partiel, il doit apparaître environné de couches encore sphériques concentriques ; mais, si chacun figure encore en ses deux foyers sur le même type central hérité du centre commun originaire, ils doivent pareillement offrir en commun une déformation du sphéroïde primitif proportionnelle en grandeur à leur propre décentralisation ; c'est-à-dire que, comme l'excentricité croît, plus la circularité tourne en allongement elliptique, et cela tant d'un côté que de l'autre du centre radical. Cependant, il existe toujours une différence réelle intrinsèque de foyer à foyer en chaque ellipsoïde ; et, si cette différence n'a point d'effet rétroactif en modifiant les rapports avec le sphéroïde radical, elle ne peut ne pas en produire de saillants dans leurs rapports respectifs, — deux termes constitués entre eux dans le rapport de négatif-positif à positif-négatif (ou de *sensible* à *formel)* ne pouvant évidemment fonctionner de la même manière. Là dessus, leur impossibilité de réagir immédiatement sur leur forme essentielle, et dont nous venons de rappeler la nature, nous contraint d'admettre pour eux le seul mode résiduel de différenciation par inversion de *sens* et de *vitesse ;* par exemple, en manière de courants opposés et réciproques : mais, disant cela, nous en laissons encore dans l'ombre ou sans manifestation objective le caractère particulier qui leur revient d'être foncièrement, l'un tout *sensible*, et l'autre tout *intellectuel*, comme il a été dit ; et c'est alors à cette même détermination de rôle particulier attribuable à l'activité siégeant en chaque ellipsoïde que nous devons ici pourvoir, en spécifiant le mode de fonctionnement propre au *sensible* comme sensible, ainsi qu'à l'*intellectuel* comme intellectuel.

Pour arriver à fixer aisément nos idées sur ce point, nous nous arrêterons un moment ici sur l'allure que nous sommes dans l'habitude d'attribuer spontanément aux genres Intellect et Sens. Tandis que nous sommes enclins à réputer le Sens essentiellement vif et prompt en principe, nous regardons au contraire l'Intellect comme le siège de la raison calme et jugeant froidement de tout : en principe et relativement, le Sens est donc impétueux et la source instantanée des premiers mouvements, quand au contraire l'Intellect se montre éminemment circonspect en même temps que fondateur d'ordre, de mesure et de régularité. Cette notion que nous nous formons de leur double allure respective et radicale se déduit, au reste, sans peine de l'observation. Notoirement, l'Intellect se repaît avant tout d'abstractions, et par suite est avant tout subjectivement abstractif, objectivement abstrait, deux choses qui comportent évidemment le plus grand calme. Parce que le Sens s'attache au contraire immédiatement au concret, il s'en affecte — comme il en est provoqué — subitement, avant même d'avoir pu prendre tant soit peu conseil de la raison ; et, comme rien n'est plus inégal que ces sortes de déterminations, il offre donc le spectacle des agissements les plus brusques et les plus variés. Ainsi, comparés l'un à l'autre, le Sens et l'Intellect diffèrent énormément. Interprète de la raison, l'Intellect marche impassiblement d'un mouvement *uniforme*. Interprète de la passion, le Sens court incessamment après la *variation* ou les changements d'état capables de le maintenir en haleine et le satisfaire à plaisir. Il n'y a point maintenant deux sortes d'*uniformité* s'offrant au choix de l'Intellect ; et pour le Sens il existe au contraire un triple champ d'exercice *varié*. Car la variation peut être, indifféremment, soit uniformément variée pour phases *finies* et réciproques, soit uniformément variée *sans fin* pour indéfinie prolongation d'une seule et même phase originaire, soit diversement variée sans la moindre suite pour *infini* premier élan exclusif de tout retour en arrière ; en d'autres termes, la variation *contingente* et *volontaire* du Sens est ou peut être effectuée sous la forme des trois mouvements coniques *elliptique*, *parabolique* et *hyperbolique*. De ces trois mouvements également possibles en théorie, nous ne pouvons cependant en retenir en pratique que deux, qui sont l'*elliptique* et l'*hyperbolique* ; car le moyen ou le *parabolique* est une pure limite idéale, intercalable en lieu propice (comme nous l'indiquerons plus tard) entre les deux précédents, et dont le moindre écart tant en deçà qu'au delà, suffit pour les accuser ou mettre à jour.

Ou, donc, le Sens se livrant à ses élans

spontanés ne rompt point tout à fait avec la raison, ou bien il prend — comme on dirait — le mors aux dents et ne garde plus de mesure ; et, toutes ses déterminations *contingentes*, il les effectue de fait dans les seuls modes de mouvement *elliptique* ou *hyperbolique*, quand l'Intellect ne cesse jamais au contraire de procéder d'un même pas ou d'un mouvement absolument uniforme à ses fins respectives. Nous avons un exemple de la double manière de procéder *uniformément variée* finie du Sens et *purement uniforme* de l'Intellect dans le transport de la lumière dans l'espace ; car dans ce mouvement en avant elle nous montre réunies l'uniformité de marche et la diminution d'éclat proportionnelle au carré des chemins parcourus. Voulons-nous savoir quand se produit au contraire le concours du mouvement *uniforme* intellectuel avec le mouvement *diversement varié* sensible : nous devons rentrer dans la question d'où nous sommes incidemment sortis pour nous donner dans ce qui précède le moyen de la résoudre, et qui consiste précisément à dire que le mouvement du *sen-*

sible s'effectue toujours et partout *hyperboliquement* ou *diversement*, quand le mouvement de l'*intellectuel* y conserve imperturbablement son allure *uniforme* habituelle.

4. Il y a, dans ce que nous venons de dire plus de vérité qu'on ne le soupçonne peut-être ; car ici nous nous écartons considérablement des dées régnantes sur le rayonnement stellaire. En déniant naguère au mouvement *parabolique* toute réalité, nous avons du même coup nié toute indéfinie propagation de la lumière dans l'espace ; et, si l'on pouvait conserver le moindre doute à ce sujet, on n'aurait, pour se détromper, qu'à remarquer l'impossibilité d'admettre comme réelle l'indispensable condition de cette prétendue réalité, qui serait un écart *infini-réel* existant entre le *foyer* de la courbe parabolique décrite et son *centre*. Tout mouvement lumineux rayonnant rentre donc dans la classe des mouvements *elliptiques* (1) et se pro-

(1) Il peut n'être pas inutile ici de rappeler que (comme nous l'avons établi dans notre précédent fascicule sur les *Trois sortes d'objectivité*, p. 56), la forme introductive de toute grandeur apparente extensive ou intensive est *l'elliptique*.

duit à l'instar des carrés V^2 d'une force dont le point d'arrivée serait à la distance V, avec cette différence qu'ici le mouvement doit être censé curviligne et révolutif. Seulement, comme la portée de jet peut encore être énorme et dès lors incomparable avec des mouvements terrestres extraordinairement plus réduits, ceux-là peuvent apparaître *indéfinis* à l'égard de ces derniers ; et cette manière de voir est d'autant plus plausible qu'effectivement il n'y a pas la moindre différence d'allure dans la marche de l'intellect en avant, n'importe que le mouvement *sensible* concomitant fût *absolument*, ou bien soit seulement *relativement* indéfini comme dans le cas actuel.

Ici, nous sommes en présence, non de simples mouvements *elliptiques* indéfiniment réitérables par la nature des choses ou (pour mieux dire) en vertu du mouvement *circulaire* inclus en eux, mais, d'abord, d'un mouvement *hyperbolique* ou diversement varié censé fonctionner seul ou séparément, et puis, d'un second mouvement cette fois complexe comme censé composé de deux mouvements spéciaux *uniformément varié* (pouvant être indifféremment elliptique ou parabolique suivant qu'on se place dans le ressort des faits ou des idées) et *purement uniforme*, comme nous disions naguère la chose réalisée dans le rayonnement lumineux marchant toujours d'un même pas, d'une part, et, d'autre part, éclairant incessamment de moins en moins proportionnellement au carré des distances franchies. Nous sommes alors d'avis d'attribuer au seul Sens radical l'institution du précédent mouvement allant seul et dit *hyperbolique*. Mais le second mouvement, en lui-même complexe, ne peut avoir la même origine et provient alors du concours (en fonctionnement simultané) des deux genres Intellect et Sens, mais d'abord de l'Intellect comme simple auxiliaire du Sens, et puis du Sens comme auxiliaire de l'Intellect ; ce qui demande alors de notre part une exposition analytique précise : exposition à laquelle nous allons en conséquence nous empresser de satisfaire avant de reparler du précédent mouvement *hyperbolique*, dont la considération est en ce moment moins urgente.

Le premier cas à considérer présentement est celui dans lequel, le Sens fonctionnant en agent principal, l'Intellect intervient seulement en auxiliaire. Soit donc le Sens posé quelque part en Centre universel de force et tout un sous la forme $\frac{\infty}{1}$: en premier lieu, l'Intellect, quoique son égal en principe, ne peut avoir d'autre Siège que le sien, tant qu'il se conserve inactif ou ne fait rien pour s'en distinguer ; mais s'en distingue-t-il, en effet, comme il est de son essence différentielle de le faire? il s'installe du même coup à côté de lui dans une certaine direction prédestinée, par cela même, à devenir axiale. La répétition de ce même acte différentiel clairement renouvelable avec la même aisance ajoute alors une troisième position aux deux contiguës précédentes ; et les trois positions consécutives, réunies, forment en conséquence une véritable ligne toujours prolongeable de la même manière, en entraînant d'ailleurs de nouveaux points de vue, non moins intéressants l'un que l'autre. Car, dès-lors — par exemple — qu'une seconde position s'adjoint à l'unique première, l'auréole *infinie* de puissance objectivo-subjective circonscrite à cette dernière, occupant seule en premier lieu le centre absolu de force, se change naturellement en *indéfinie* par le seul fait de cet accroissement, et l'apparition subséquente de la troisième position achève encore de la rendre, par une semblable raison, d'indéfinie, *finie*. Mais, en même temps que la puissance décroît, l'actualité linéaire, dite axiale, s'accroît proportionnellement ; de sorte, qu'insensiblement l'originaire circularité se change en ellipticité, l'ellipticité s'allonge elle-même de plus en plus, en se donnant ici les pôles nord et sud, dont le Sens prend naturellement (en qualité d'agent *principal*) pour soi le boréal, et l'Intellect s'approprie de son côté (comme agent seulement *auxiliaire*) l'austral ; non pour exclusive rélégation de l'un et de l'autre aux pôles, mais pour rattachement des mêmes pôles aux deux foyers situés de leur côté, de part et d'autre du centre de figure, d'où le Sens se porte immédiatement vers le foyer alors dit Boréal, en même temps que l'Intellect s'empare de l'austral. Nous tenons pour *néga-*

tif-positif le rôle du Sens au foyer boréal, et pour *positif-négatif* le rôle de l'Intellect au foyer austral. Une parfaite représentation de ce double exercice inverse nous est offerte dans la lumière naturelle traduite en deux polarisées dans son passage à travers les lames de cristaux à deux axes observés au polariscope ; en toutes ces lames, avec une simple mais très grande variété d'amplitude, on voit alors de part et d'autre du centre de figure les deux foyers — un moment entourés (il est vrai) chacun de petits cercles irisés — compris encore tous deux dans une seule et même plus grande figure ovale, qui n'est pas autre chose qu'une véritable ellipse provenant de l'excentricité spontanément introduite par l'Intellect au sein du Sens, dont il n'eut point eu sans cela la moindre raison de se distinguer à l'origine.

L'ellipsoïde de révolution obtenu par la rotation de l'ellipse de tout à l'heure sur son grand axe (ce qui la suppose allongée dans un plan méridien), est de nature *sensible*, parce que le Sens en fournit le sujet ou le fond, et que l'Intellect n'est là qu'introducteur de la forme ; l'objective continuité pour ainsi parler matérielle n'y peut dès-lors aucunement faire défaut, comme elle ne fait point d'ailleurs défaut en toute matière qu'on étire au laminoir ; on peut et doit seulement admettre qu'elle s'y distend ou gazifie, d'autant plus que l'Intellect juge à propos de pousser plus avant ou porter plus loin son œuvre spéciale décentralisatrice, inverse de celle du Sens essentiellement centralisateur en principe. Mais l'Intellect n'a pas plus de raison de vouloir distendre le Sens à l'infini, que le Sens en a de se laisser distendre sans fin ; la décentralisation s'arrête donc là où la distension cesse d'être opportune, et, dès que cette élaboration du Sens par l'Intellect prend fin, il est tout naturel qu'en revanche se produise l'inverse élaboration de l'Intellect par le Sens.

L'Intellect n'a plus, sans doute, d'extensive objectivité quasi matérielle à livrer à l'élaboration du Sens ; mais il est bien le siège d'une formalité *virtuelle* divisible, sinon extensible, et ce fond abstrait n'est pas moins maniable au Sens, que le fond *concret* du Sens ne l'était naguère à l'Intellect. Nous pouvons donc admettre ici le renouvellement par le Sens de la manœuvre naguère pratiquée par l'Intellect sur le Sens, et concevoir le champ intellectuel devenu le siège d'une ellipse nouvelle, dont le grand axe normal à celui de la précédente se dirige cette fois de l'est à l'ouest et comporte même dans ce sens un extraordinaire allongement dont le précédent ne pouvait être susceptible ; car étirer le *dense* est une opération bien plus critique ou délicate que tailler dans le *vide*. A cela près et toute proportion gardée, l'ellipsoïde à fond intellectuel et facteur sensible se construit donc en plan équatorial tournant tout à fait comme s'est naguère construit en plan méridien aussi tournant le précédent ellipsoïde à fond sensible et facteur intellectuel ; et l'aspect seul s'en différencie, parce qu'ici, l'extension étant toujours donnée d'avance, l'intervention du Sens interrupteur n'a d'autre moyen de point se manifester que son installation par *places* ou *points* épars dans l'immensité phénoménique. D'ailleurs, le Sens ne saurait se dépouiller de sa prérogative originaire d'être le centre radical universel (de force); et cette prérogative doit s'en refléter dans ses applications même accidentelles. Quand, en outre, il se pose en auxiliaire de l'Intellect, il doit rattacher ses opérations accidentelles à son fonctionnement originaire, qu'il ne saurait délaisser pour elles. Concevons-le donc siégeant au centre de figure du précédent ellipsoïde, et de là faisant (pour ainsi dire) volte-face en cessant de regarder dans la direction *nord-sud* pour regarder en la direction *est-ouest* : n'effectuant plus dans cette nouvelle direction qu'une sorte de marche formelle ou virtuelle *(éthérée*, selon l'expression admise), il ne portera pas seulement son regard aussi loin qu'il voudra le faire et dès lors *instantanément* en premier lieu du moins, mais il nous offrira le spectacle d'un très remarquable dédoublement consistant en ce que, comme agent *sensible*, il n'atteindra plus aussi loin que lui-même fonctionnant en *intellectuel*, et par suite se trouvera tout à la fois *sensiblement* en arrière et *formellement* en avant, pour extraordinaire et subite enjambée (dans le champ de l'espace) de l'exercice *formel*, dont le pur *sensible* plus rétif n'est point capable. Car, ainsi que nous l'avons déjà fait observer, le Sens posant en agent *sensible* se dilate pour ainsi dire à contre-cœur et n'opère en conséquence que des excursions *finies* au dehors, quand, posant au contraire en *intellectuel*, il n'a pas plus à craindre de se porter hardiment en avant, que l'Intellect n'a de répugnance à lui laisser la voie pleinement libre à cet égard.

En lui-même, le Sens propre ou sujet à double allure peut donc apparaître à la fois, et plus ou moins rétif en l'une, et plus ou moins prompt en l'autre. Il est notamment pleinement rétif en mouvement *hyperbolique*; car, bien qu'il y saute ou sorte tout d'un coup comme hors de lui-même, de suite il se relâche avec tant de rapidité qu'on l'y dirait épuisé du même coup, comme nous le montrerons bientôt. Au contraire, aussi peu rétif que pleinement dispos en mouvement *elliptique* à grandes enjambées comme c'est présentement le cas (puisqu'il s'agit ici du rayonnement lumineux spécialement *stellaire*), il a seulement le soin d'observer, dans ses sauts les plus brusques en principe, une certaine mesure ou proportion dont il ne se départ jamais ; nous en avons la preuve dans la marche de sa propagation constamment *uniforme*, d'après une expérience générale et constante. Quelle qu'en soit alors la variation d'allure en mouvement *hyperbolique*, on l'y peut dire *simple* pour la diversité qui la caractérise ; mais l'allure n'en est plus simple dans le mouvement *elliptique* chez lequel la *variation* se complique d'*uniformité* constante ; et ce que nous avons maintenant à faire, c'est de vérifier toutes ces assertions en l'institution du second ellipsoïde à fond intellectuel mais facteur sensible..

5. Pour constater toutes ces différences, deux seuls pas effectués dans le monde céleste ou sidéral vont nous suffire. Dès lors que le mode de propagation lumineuse est et reste constamment uniforme, nous pouvons nous représenter l'espace entier sillonné de bandes entrecroisées à la façon des mailles d'un réseau

dont les divisions transversales couperaient normalement les longitudinales ; et, prenant alors pied dans la *première* des divisions transversales en un *point* que nous supposerons être le *centre* de figure de l'ellipsoïde *terrestre* déjà connu de nous, nous ferons servir les divisions subséquentes à la détermination des lieux où le mouvement *hyperbolique* doit *sensiblement* finir, mais que l'*elliptique formel* doit au contraire traverser et dépasser en raison de son extraordinaire allongement, comme s'il y débutait à peine. Soit, en effet, *0* (zéro) le point de départ d'exercice *absolu sensible* effectué sur la *première* division transversale avec continuation longitudinale sur le grand axe de l'ellipsoïde céleste ; soit *1* le point instantanément atteint de la *seconde* division transversale ; soit *2* le point à pareillement atteindre de la troisième division : nous disons que, en pur exercice *sensible*, le Sens n'atteindra jamais ce dernier point *2*, que, en exercice *intellectuel*, il franchit au contraire sans le moindre temps sensiblement appréciable. Cette assertion est à la fois démontrable de trois manières : d'abord logiquement par exemple ; puis analytiquement par calcul, et enfin physiquement par expérience.

Preuve logique. Nous supposons ici le mouvement, d'abord partant de la première division en 0, puis franchissant d'un seul pas tout l'espace compris entre 0 et 1 où il ne s'arrête point et reprend au contraire sa marche, mais finalement expirant tout à fait avant d'atteindre la troisième division en 2 ; et nous disons qu'il ne pourrait en être autrement en ressort *sensible* pur. En effet, dans ce cas, le mouvement doit décrire une série descendante, dont, le premier terme réalisable étant par hypothèse atteint en 1, les suivants peuvent être sans difficulté les fractionnaires $\frac{1}{2}, \frac{1}{4}, \frac{1}{8}\ldots\ldots$ Là, par saut régulier, le Sens se porte donc *instantanément* en avant, d'abord d'une longueur $= 1$, mais de suite après et sans interruption, dans les *instants* consécutifs, d'une longueur incessamment décroissante $= \frac{1}{2}, \frac{1}{4}, \frac{1}{8}\ldots$ Qu'on fasse alors la somme de tous ces termes; on verra qu'il faudrait un temps infini pour réaliser le transport de 0 jusqu'en 2 ; et, comme cette condition est impossible, jamais le mouvement n'atteindra cette limite.

Preuve analytique. La formule applicable dans le cas présent est la suivante $\Sigma = \sigma (1 - e^{-t})$; dont Σ sert à désigner la vitesse initiale en temps $= 0$, et σ l'effet produit en chaque instant consécutif. Or le calcul démontre qu'alors, pour un temps $= 1$, σ prend à peu près la valeur $\frac{7}{11} \Sigma$, et que, pour t croissant indéfiniment, σ s'accroît indéfiniment aussi, mais de moins en moins ; de sorte qu'il faudrait encore un temps infini pour aboutir à l'équation finale $\sigma = \Sigma$. Donc, en raison de l'impossibilité de cette condition, le Sens partant de 0 ne peut être en état d'atteindre la troisième division quoique seulement distante de deux unités d'espace de la première.

Preuve expérimentale. Quoique ici l'observation directe ne soit point autant explicite que le raisonnement ou le calcul sur la marche décroissante du phénomène sensible, elle en détermine mieux en revanche la fin ; car elle nous la montre en quelque sorte constante à partir de l'origine O, d'où le Sens ne s'éloigne point d'un pas sans en être incessamment comme talonné sous forme précaire avant sa prochaine éclipse totale et définitive. Trois moments sont surtout remarquables dans cette limitation toujours imminente. Le mode sensible de plus grande extension objective est notoirement le *visuel*. Or, à peine ouvrons-nous après notre naissance les yeux à la lumière, que le monde objectif nous semble venir s'appliquer sur eux ou reposer sur notre face, avant que nous ayons pu nous faire une idée quelconque de la distance qui nous en sépare. Plus tard, un peu mieux avisés, nous continuons à le tenir pour un simple plan à peine plus élevé sur nos têtes que le sommet des montagnes, et là différencié par une plus ou moins grande variété de formes ou de teintes lumineuses. Enfin, il est une limite que la portée du Sens physique ne saurait franchir, c'est la surface que nous avons nommée *parallactique* pour être le lieu du minimum de parallaxe possible que l'on sait être l'annuelle d'une seconde entière. Cette surface est la limite du système solaire dans l'espace, parce qu'au delà nous sommes absolument incapables de jamais plus apprécier, par notre seule vue, ni formes, ni distances réelles, et par suite y voyons tout en plan ou réduit à de simples points lumineux, soit distincts, soit confondus en une lumière blanchâtre. Là donc se trouve, pour nous comme êtres sensibles purs, la troisième division siège de la position Σ, naguère indiquée par le raisonnement et le calcul comme l'ultime thulé de notre exploration empirique céleste.

Résumant ici nos idées sur ce sujet, nous dirons donc : le Sens, dans sa seule première enjambée, se porte de *0* à *1*, et, dans la seconde, il parcourt la moitié de la distance de *1* à *2* ; mais, ce second point une fois atteint, ses poses ultérieures se resserrent incessamment et finissent par s'accumuler (sans pour cela se toucher) en nombre indéfini comme les instants de la durée, lesquels de leur côté ne laissent point d'être le théâtre de respectivement énormes pas réguliers en avant du mouvement *uniforme* attribuable encore au Sens, non plus comme *sensible*, mais comme *intellectuel*.

C'est pourquoi, malgré la disparité de ces deux modes de fonctionnement *indéfini* et *fini*, dans la seule communauté de devenir ou de durée de l'un et de l'autre il trouve le moyen de rallier et tenir pour corrélatif ce qui serait d'ailleurs totalement incomparable.

6. L'évolution hyperbolique *sensible* s'effectuant ainsi dans les plus étroites limites en espace mais non en temps, l'elliptique *uniforme* qui ne souffre pas plus d'interruption native obligée dans son évolution en espace qu'en temps institue par là même, aux yeux du Sens *intellectuellement* appliqué cette fois, tout un monde nouveau qui est le céleste proprement dit. Car, au lieu que le Sens seulement *physique* s'exerce exclusivement dans l'étroite enceinte du système solaire qui figure à peine comme une unité dans le stellaire, le Sens *intellectuel* ayant précisément pour théâtre spécial d'exercice le système stellaire tout entier ne s'arrête point à considérer les étoiles (qui sont toutes des soleils) une à une, mais il apprend à les ériger en constellations ; il sait encore réunir ces constellations en nébuleuses, et

dans ces nébuleuses il ne reconnaît encore que des fragments d'un nébulaire universel en résumant en soi toutes les différences par la même raison qu'il en pose ou fait en principe toute l'identité, puisqu'il n'y a point de différence assignable sans identité concomitante ou sous-jacente. Du reste, cette dernière observation est ici trop importante pour n'être indiquée qu'incidemment ; et nous allons nous étendre un peu sur elle pour en déduire l'étroite corrélation qui s'en suit pour le rattachement des deux mondes terrestre et céleste l'un à l'autre, au point de se réduire finalement en un seul.

7. Nous étions sous l'impression de cette inéluctable nécessité de faire dépendre toute différenciation d'une identité préalable, quand nous avons cru précédemment devoir préposer, à toute manifestation plus ou moins déterminée de l'Activité radicale, l'absolue *sphéroïdale* infinie, dès lors unique, et par là même encore ayant pour centre unique de force la première des trois puissances radicales ou le Sens, déjà gros sans doute des deux autres ou de l'Intel-

lect et de l'Esprit, mais ne laissant point malgré cela de les englober dans son sein jusqu'où il leur plaît d'évoluer au-dehors avec son agrément, en introduisant ainsi chez lui des formes secondaires ou tertiaires dérivées de la sphéroïdale originaire. Et, partant de là, nous avons admis que la première des deux puissances incluses dans le Sens radical qui pût et dût vouloir l'entraîner au dehors, était l'Intellect ; nous avons en outre ajouté que, en vue de passer de la forme sphéroïdale à l'ellipsoïdale, l'Intellect procédait pour ainsi dire à reculons, en le détachant et se détachant soi-même du Centre absolu radical de force ainsi traduit désormais en simple centre de figure, et repoussant pour cela le même Sens au delà du vrai centre primitif de force ou le dépouillant de ce rôle en même temps qu'il a l'air de se retirer lui-même en deçà ; ce qui revient à l'établissement de deux foyers réels. Passant ensuite, de la construction du premier ellipsoïde fait aux dépens ou dans le ressort du Sens, à la construction de son homologue rectangulairement fait aux dépens ou dans le ressort de l'Intellect, nous avons admis que cette fois le Sens, agissant à son tour en auxiliaire ou provoquant, poussait ou projetait en avant avec les deux sortes de vitesses *hyperbolique* ou *uniforme*; sur quoi nous ferons actuellement observer, non l'illégitimité, mais l'arbitraire de cette double explication du devenir de l'un ou de l'autre ellipsoïde. Car, au lieu de dire que le premier résulte d'une marche à *reculons* de l'Intellect, ne pourrait-on soutenir avec le même droit *à priori* qu'il résulte d'une projection *en avant* du Sens? Et pareillement, au lieu de prétendre que le second résulte d'une marche *en avant* du Sens, ne pourrait-on affirmer qu'il accuse au contraire un simple *accours* de l'Intellect en sens inverse? Nous nous garderons bien de nier *à priori* l'égale valeur rationnelle de ces deux nouvelles explications opposées aux deux précédemment admises ; car que sont-elles, les unes ou les autres, que des interprétations relatives théoriques d'un même phénomène, et dont il suffit alors que chacune rende hypothétiquement compte pour ne pouvoir être exclue d'avance au profit de sa rivale ?.. Hors du champ libre des théories, il y a maintenant, le champ forcé des réalités, où, dès que le fait décide en faveur d'une hypothèse, l'hypothèse opposée n'est plus de mise et doit être abandonnée sans retour. Ne nous méprenons point cependant sur cet abandon prétendu définitif : il ne s'agit point ici de l'abandon *absolu* d'une hypothèse ou d'une manière de voir aussi plausible que sa rivale, mais seulement de la *priorité* de fait ou de l'*initiative*, attribuable à l'une d'elles. Il est bien clair en effet que, si le second ellipsoïde provenait réellement plutôt d'une marche *en avant* du Sens que d'un *accours* empressé de l'Intellect en sens inverse, cet accours empressé de l'Intellect n'aurait pas moins raison ou lieu d'intervenir et de s'imposer comme concomitant. Ainsi, la réalité du mouvement *rotatoire* terrestre en sens *direct* n'est point un obstacle à l'apparent mouvement *rétrograde* des cieux ; et là les deux mouvements diurnes direct ou rétrograde, au lieu de s'exclure, s'impliquent ou n'en font qu'un *absolu* commun, dont la décomposition en deux *relatifs* permet seulement de dire lequel des deux a le pas sur l'autre essentiellement concomitant en pareille occurrence. Cette indissoluble union de la terre et des cieux en un seul système au point de vue de la *rotation* diurne se reproduit maintenant, au point de vue de la *génération* de l'ellipsoïde céleste par le Sens et l'Intellect, dès lors qu'on se demande dans quel ordre ces deux puissances concourent à son avènement : d'où que parte l'initiative, le phénomène ou le fait observé reste absolument le même, et dès qu'il ne change point, les deux ellipsoïdes consécutifs *terrestre* siège spécial de *sensible* et *céleste* siège spécial d'*intellectuel* restent si rigoureusement reliés ensemble, qu'en définitive ils constituent bien un seul tout ou système général, dont nulles grosses chaînes de fer ne sauraient mieux garantir l'intime connexité perpétuelle.

Ici, notre pensée doit prendre un autre cours et changer d'objectif. Jusqu'à présent, nous n'avons songé qu'à nous donner une idée générale du monde considéré dans son

Tout ou ses deux grandes divisions, sans entrer dans les détails ni sortir des abstractions virtuelles les plus élevées : désormais, délaissant ces généralités, nous devons viser à le considérer plus spécialement dans sa composition ou constitution intrinsèque, en commençant par déterminer l'ordre réel de l'intervention des puissances de l'Activité radicale procédant à son œuvre de réalisation. Ce dernier objet n'est point du reste nouveau pour nous qui jusqu'à ce jour n'avons jamais cessé de porter sur lui notre attention ; d'où nous est venue la possibilité de concevoir et de définir le premier état fondamental et permanent du monde, en le disant tout d'abord celui d'un immense sphéroïde *sensible* comme ayant le Sens seul pour principe et fin, mais non sans inclusion des deux autres puissances intellectuelle et spirituelle concentriques au Sens et seulement attendant là le moment ou l'occasion d'intervenir et d'apparaître à leur tour. Et la première de ces deux dernières puissances à se révéler a dû pour lors être l'Intellect fournissant au Sens radical le type de ses opérations futures ; mais, cette provocation actuelle — et par conséquent active à sa manière — de l'Intellect ne sortant point de l'ordre des imaginarités virtuelles, ou (ce qui revient au même) des virtualités seulement imaginaires encore en ressort objectif, il appartenait ou restait au seul pouvoir réalisateur du Sens de les *projeter* au dehors ; ce qu'il a dû faire *instantanément* et même éternellement, en donnant pour cela le pas aux *jets* les plus élancés sur ceux de moindre portée par ordre de grandeur décroissante ; c'est pourquoi, par exemple, dans le monde sensible solaire les planètes les plus éloignées de leur centre commun ont dû précéder *imaginairement* les inférieures, et pareillement dans le monde intellectuel stellaire les étoiles rouges ont dû précéder en raison les jaunes, comme les jaunes les bleues. Et par là nous comprenons maintenant comment, quoique l'Intellect ait bien été subjectivement le promoteur de la première création sensible, le Sens en est resté le véritable auteur, et comment encore, l'Intellect ayant bien l'air de marcher à reculons au fur et à mesure du raccourcissement des distances apparentes planétaires ou autres, le Sens a pu s'en approprier d'abord l'immense portée de jet imaginaire en s'accommodant à ses types pour ne plus marcher ensuite sur ses pas qu'à sa propre manière ou bien avec des ralentissements *diversement* variés et prompts à prendre fin, — le Sens étant bien en soi la puissance tout spécialement unifiante et unifiée, quand de son côté, par essence et tout spécialement encore, l'Intellect se démontre divisant et multipliant d'abord, et diviseur ou multiplicateur ensuite.

Des éclaircissements précédents sur le double premier fonctionnement *relatif* de l'Intellect et du Sens dont l'unique *absolu sensible* est néanmoins l'obligé précurseur imaginaire-réel pour préalable identité de toutes différences dans le Sens radical, il résulte clairement qu'à l'Intellect est dévolu régulièrement le rôle *actif* provocateur, et au Sens (non toutefois sans activité concomitante) le *passif* consommateur et réalisateur par excellence. Cette distribution de rôles vient d'être vérifiée directement dans le monde *terrestre* à la fois d'origine et de nature-*sensible*. Il est maintenant inévitable que cet ordre apparaisse renversé jusqu'à un certain point dans le monde subséquent *intellectuel* et *céleste*, que nous postposons ainsi de fait au *sensible* terrestre, quoique en raison il le précède ; mais la théorie ne nous permet pas de procéder autrement et nous force ici de décrire la marche évolutive ou progressive de la Nature en général, au lieu d'en exposer la révolutive ou régressive qui préposerait au contraire dans ses manifestations respectives le dehors au dedans, ou le plus lointain au plus prochain. Le premier fait de renversement à signaler au passage du monde *sensible terrestre* à l'*intellectuel céleste* est l'interversion actuelle de rôle entre le Sens et l'Intellect ; et, ce premier renversement, nous n'avons pas manqué de le signaler en disant le Sens y faisant office de provocateur *actif*, et l'Intellect y fonctionnant au contraire en sujet *passif*. Cette première interversion ne peut ne pas être maintenant le principe de toutes les autres ; et, pour apprécier ces dernières, nous reviendrons un moment sur les rôles du Sens et de l'Intellect dans le monde sensible terrestre. En terre, les écarts du Centre sont l'œuvre seulement médiate de l'Intellect ; et pour lors le Sens qui ne se désiste jamais de son originaire prépondérance ou principauté, manifeste son souverain empire tant par la force de gravitation ou pesanteur que par le phénomène de densité croissante en raison inverse des écarts improvisés : c'est-à-dire que là l'Intellect fonctionne en simple agent négatif ou résistant, quand le Sens y fonctionne en agent positif et dominateur ou principal. Au contraire et parce que dans le monde intellectuel-céleste le Sens se substitue de lui-même (à certains égards du moins) à l'Intellect comme alors l'Intellect se substitue pareillement au Sens, le Sens devenu provocateur actif y fonctionne en négatif ou résistant, tandis que l'Intellect s'y comporte (contrairement à sa première manière d'agir) en agressif et positif ou dominateur. Par suite, au lieu de trouver ici désormais la plus grande densité régnante au centre du système et la raréfaction croissante dans les autres régions proportionnellement aux écarts, nous y devons voir ou constater inversement le maximum de raréfaction au centre et le maximum de densité vers la périphérie : preuve qu'ici le Sens attractif fait office de frein, et l'Intellect répulsif office de renfort. C'est pourquoi, la condensation s'y transportant à la périphérie quand la raréfaction s'établit en sa place au centre du système, le monde *intellectuel céleste* est bien réellement construit à l'inverse du *sensible terrestre*, son générateur pourtant, mais que sa qualité de principe n'exempte point de dépendre après coup de l'*intellectuel céleste* dans toutes ses transformations temporelles, au point de sembler en être pour cela même le produit.

8. Etablissant dans ce qui précède cette notion des deux mondes terrestre et céleste, que chez le terrestre l'attraction fait office de puissance, et la répulsion, de résistance, mais qu'inversement chez le céleste l'attraction fait office de résistance, et la répulsion, de puissance (1), nous avons émis une vérité capitale

(1) Cette apparente interversion de rôles mérite d'être

qui va maintenant nous conduire à d'autres non moins importantes et que nous en déduirons sans peine en mettant à profit ce qui nous a déjà permis d'obtenir ce premier résultat.

C'est actuellement un double point acquis pour nous que, des deux premiers genres potentiels Intellect et Sens, le Sens siégeant en centre absolu de force au Centre même de l'univers identique à celui de l'ellipsoïde terrestre s'y voit accompagné de deux foyers constitués, l'un comme négatif-positif, l'autre comme positif-négatif, quand l'Intellect siégeant en qualité de centre de figure au même point s'y représente accompagné de deux semblables foyers qu'il y aurait lieu de qualifier de même

prise en sérieuse considération. — Il faut qu'une Activité relative semble sortir de son propre ressort pour avoir lieu de faire acte d'*art* ou d'*effort*; car, dans son propre ressort, tout son *agir* est naturel. Mais, en ressort étranger, elle est forcément agressive ; et, comme essentiellement *subjectif*, tout semblable exercice est *objectivement* nul ou non apparent, quand la résistance rencontrée se laisse au contraire très-bien apercevoir. C'est donc par cette même résistance qu'elle mesure le chemin parcouru, comme on le mesure en bateau par la marche inverse simulée des bords de l'eau.

si les forces attractive et répulsive concourantes n'y subissaient un notable revirement très-caractéristique pour chacune d'elles. Mais, se produisant, ce revirement introduit par là même dans l'ellipsoïde terrestre un nouvel état qui, quoique dérivé du précédent, en est comme le contre-pied.

En effet, tandis que le Sens s'approprie d'emblée le suprême rôle en se montrant ou faisant d'imaginaire réel ou de *négatif positif*, l'Intellect tout d'abord posé du même coup avec le Sens ou prenant pied en lui comme *positif* ne laisse point de s'en distinguer aussitôt par réversion ou retour à son premier mode respectif de fonctionnement qui est l'imaginaire ou le *négatif*; et par conséquent les deux notes de positif ou de négatif sont bien là prises à la lettre, ou bien le positif y est et reste le positif, comme le négatif n'y cesse point d'être le négatif. Passons-nous maintenant du monde terrestre au céleste : comme l'Intellect doit être censé fontionner dans ce nouveau monde en centre absolu de figure, ce nouveau rôle qu'il s'y donne non moins réelle-

4

ment que le Sens s'appropriait naguère le rôle primordial de centre absolu de force, exige impérieusement que, au lieu de s'y poser (suivant sa propre manière originaire d'agir) en *négatif*, il imite au contraire ici le Sens et s'y pose à son exemple en *positif*. Cependant, dès lors qu'il s'y donne — en plus de son premier rôle essentiellement inaliénable — le nouveau rôle imité du Sens, il est indispensable que le Sens modifie semblablement le sien ou surfasse le sien originairement tout positif, du *négatif* imité de l'Intellect. Dans le monde céleste, les deux premiers rôles, respectifs du Sens et de l'Intellect sont donc complètement renversés en apparence ou même de fait (quoique en réalité persévérants au fond); et, comme toute concentration tant factice que naturelle trouve nécessairement une limite en l'Unité réelle ou positive à laquelle elle tend, il suit bien de là que le Sens et l'Intellect *positivement* appliqués doivent forcément concourir à centre unique : il y a seulement, entre les deux cas, cette énorme différence, que, au moment où l'Intellect Imitateur du Sens est libre de placer en dehors du Centre donné radical son propre Centre à *telle distance de son prédécesseur sensible qu'il lui plaît*, le nouveau monde céleste s'y rattachant n'est plus condamné, comme le terrestre, à rester *fini*, mais peut s'étendre au contraire *indéfiniment* au dehors. Nous avons eu déjà l'occasion de faire observer que, à cette note de *fini*, le monde *terrestre* adjoignait celle de *continu* dans son extension périphérique, — qu'en outre l'axe principal en était situé dans le plan méridien avec terminaison aux deux pôles nord et sud, — et que, tout spécialement discontinu au contraire, le monde céleste devait avoir son grand axe situé dans le plan équatorial avec terminaison aux deux pôles est et ouest. Sa ligne de pôles nord-sud ne peut pas plus changer que le lieu même du Centre absolu positif du monde terrestre ; mais la ligne des points est-ouest n'est pas moins variable que l'est le Centre improvisé du monde Céleste ; les positions initiale et finale du monde terrestre ont donc, au moins *de fait*, une fixité que ne partagent aucunement les mêmes positions initiale et finale du monde céleste. S'agit-il après cela de savoir si la fixité *de fait* naguère attribuée par nous aux positions initiale et finale du monde terrestre ne serait point seulement apparente et par conséquent nulle en soi, comme le serait l'analogue qu'on s'imaginerait d'attribuer gratuitement à leurs corrélatives du monde céleste ? Là dessus, un premier doute s'impose; mais il n'est pourtant pas malaisé d'en triompher par réflexion, comme nous allons dire.

Il est bien certain que le monde céleste dépend, pour son avènement, du terrestre son précurseur et producteur obligé ; mais, dès lors que les forces institutrices du premier doivent *de fait* encore concourir et participer à l'institution du second, ne pourraient-elles en cela se renverser plus que *de fait*, ou bien s'intervertir alors de fond en comble ainsi qu'à perpétuité, comme si le second monde pouvait prendre la place du premier et s'y maintenir désormais sans fin, à la différence du premier qui n'en eût pas été capable ?... Ce serait assurément une étrange chance qu'aurait le nouveau monde, s'il avait celle d'acquérir une indéfectibilité d'état que n'aurait point eue son propre producteur ; le fait de variation ou d'interversion de rôles une fois admis semble, il est vrai, parler en sa faveur ; mais la raison et la réflexion ne tardent pas à se prononcer en sens contraire et rendent à cet égard toute illusion impossible. Car, si le principe fondateur et dès lors aussi mainteneur du premier monde terrestre n'a pas moins d'aptitude à reproduire par imitation le mode de fonctionnement du principe pareillement fondateur et mainteneur du céleste que n'en a ce dernier à reproduire par imitation le mode de fonctionnement du premier, ce premier principe a de plus par devers soi l'incomparable avantage ou privilège de producteur ou d'instituteur *à priori* que son succédané n'a ni ne saurait avoir. Qu'alors, en fait d'exercice seulement *relatif*, les deux genres intellectuel et sensible s'équivalent, c'est incontestable ; mais que, en exercice *absolu*, le second égale le premier, l'on ne saurait pas plus l'admettre qu'on ne peut rationnellement préposer tout effet à sa cause, ou placer — comme on dirait — la charrette avant les bœufs. Mais d'où vient donc, dira-t-on ici peut-être, au premier genre Sens, cet incomparable avantage de pouvoir plus éclipser, pour priorité d'exercice, par *immanence* le second genre Intellect, que ce second genre ne saurait à son tour l'éclipser par la *variation* dont il a les prémices ? Cette prévalence immanente ou cette immunité de toute variation rétroactive du premier genre lui viennent de sa préalable et fondamentale accointance ou conjonction, poussée jusqu'à l'identification, avec un troisième genre d'abord indistinct et radicalement invariable, celui qu'après sa distinction nous appelons *Esprit*. L'indissoluble union radicale du Sens avec l'Esprit donne chez lui l'immutabilité de la *raison* au simple *fait*, comme en retour et souvent sans retard elle donne à la *raison* parfois flottante le même indéniable appui qu'au *fait* absolu radical.

9. Bien que nous soyons encore loin d'avoir dit tout ce que nous avons d'essentiel à dire sur les deux mondes terrestre et céleste et pour pouvoir même nous en ménager le moyen,

nous aborderons ici le tiers monde faisant suite aux deux précédents et tout spécialement institué par la troisième et dernière puissance dénommée tout à l'heure, ou l'Esprit. Le mode respectif de fonctionnement, ne pouvant que se rattacher aux deux modes déjà suffisamment indiqués des mondes précédents dont il dérive, les résume et complète alors à la fois ; et par suite, l'exposition particulière en impliquant la leur comme la leur implique la sienne, l'on ne peut pas plus finalement les séparer que les confondre.

Disons d'abord comment le fonctionnement *spirituel* peut être propre à résumer et compléter tout à la fois les deux précédents fonctionnements *intellectuel* et *sensible*. Le *sensible* localisé dans l'ellipsoïde terrestre est essentiellement, d'après ce qui précède, *continu* dans son fond aussi bien que *fini* dans le temps et l'espace ; non parce qu'il exclurait tout sectionnement plus ou moins tranché, mais parce que ses sections les mieux tranchées sont contiguës et comme adhérentes l'une à l'autre, en la manière — par exemple — dont en terre, sans le moindre intermédiaire, les *liquides* sont adossés aux *solides*, et les fluides *gazeux* reposent sur les solides ou les liquides. D'inspection, nous sommes donc convaincus que, à la fois et sans solution réelle de continuité, le monde terrestre se prête au moins implicitement au mode de division trichotomique. Ce même mode de division s'accuse maintenant en plein dans la constitution du monde céleste manifestement constitué des trois systèmes rangés en couches discontinues énormément distantes, qu'on désigne, du plus central au plus périphérique, par les dénominations de *solaire*, *stellaire* et *nébulaire*. Intervenant à son tour et résumant les deux mondes précédents, le troisième monde dit spirituel ne peut ne pas en emprunter le commun fondement de division ; mais, ne le leur empruntant que pour en tempérer l'opposition ou concilier la différence, il doit être et même est effectivement, en restant *continu*, moins continu que le premier terrestre, de même qu'en devenant *discontinu* comme le second, il l'est bien moins que lui. Ce qui permet au troisième fonctionnement de se placer dans ce juste milieu ; ce n'est pas une installation de prime abord moyenne entre les dimensions *finies* du monde terrestre et *indéfinies* du céleste, car une pareille conception répugne ; c'est une originaire, intrinsèque et perpétuelle *infinité* réelle, synonyme de *neutralité* radicale, et dès lors condition d'une parfaite accommodabilité constante à la double exigence lui venant d'une ou d'autre part et demandant que là où le *fini* règne, il lui soit loisible de ménager un prolongement, et là où l'*indéfini* s'impose trop rigoureusement à son tour, il lui soit également loisible d'interposer une fin quelconque, soit provisoire, soit même définitive, mais toujours conditionnelle ou relative. Et, cela faisant, il les complète par sa triple mise, 1° de *force moyenne*, quand il s'adapte en auxiliaire au Sens centre *absolu* de force, ou 2° de *grandeur moyenne*, quand il s'accommode en modérateur aux vues *exagérées* de l'Intellect centre primitif de figure, et 3° enfin d'excellence *absolue virtuelle*, quand, relevant à son propre niveau d'*infinité* perpétuelle le Sens et l'Intellect inhabiles à conserver la leur dans leur incessante prétention à prendre ou se donner fond et forme, il les fait concourir — comme il concourt avec eux — au rétablissement de l'Unité radicale plus ou moins compromise ou masquée par leurs tendances contraires, mais toujours restaurée dès le moment où les trois genres combinés sous l'influence du troisième font ensemble retour, de leur fin commune, à leur commune origine.

10. L'Esprit, résumant et complétant ainsi l'œuvre des deux genres précédents Intellect et Sens, survient d'eux et dans leur sein en manière de *flux éternel* résultant de la perpétuelle opposition contradictoire dont ils sont le théâtre, comme alternativement (mais toujours exclusivement) *positifs* ou *négatifs*. Ce genre d'existence est généralement incompris, et cela pour double raison signalée tout à l'heure dans le double emploi de l'Esprit à tout résumer et tout compléter à la fois, ce qui le suppose intervenant à titre de *fin* dernière et de premier *principe* tout ensemble, et même s'interposant en quelque sorte à titre de *moyen*

entre ces deux extrêmes pour en ménager la transformation en mouvement circulaire incessant, chose assez compliquée pour être comparable à l'ancienne et bien ennuyeuse manière de produire du feu par silex, briquet, amadou, bois et soufre avant l'introduction des allumettes phosphoriques dans le commerce. L'intérêt qui pour cela s'attache à l'intelligence des opérations et phénomènes de l'Esprit nous détermine donc à nous expliquer un peu longuement sur ce sujet, afin de ne rien laisser à désirer en rigueur ni précision.

Les trois idées essentielles de cette exposition sommaire sont celles de *virtuel*, de *formel* et de *physique*. Nous les rangeons ainsi par ordre d'importance, non d'apparition ; car, sous ce second aspect, il faudrait adopter l'ordre inverse. Tout débute par l'apparition, comme si c'était là la première réalité, quoiqu'elle soit la dernière. Effectivement, *rien n'apparaîtrait, si rien n'était*, première proposition bien suffisante pour réfuter en deux mots l'idéalisme ; et puis, *rien ne serait, s'il ne préexistait*, deuxième proposition bien suffisante encore pour réfuter péremptoirement le matérialisme, dès lors qu'à l'*être* il devient nécessaire de préposer un *sous-être* lui servant d'hypostase ou substance *virtuelle* préparatoire ou conditionnante. Nous nommons donc : *virtuel*, la suprême Réalité, prélude de toute autre, comme *absolue* ; — *formel*, la moyenne Réalité, *relative* alors, comme manifestation issue de la suprême précédente et condition obligée de la suivante, ce qui lui vaut la dénomination de *devenir réel* ; — *physique*, enfin, la dernière et plus faible Réalité, simple manifestation improductive de tout groupe de virtuel et de formel et dénommée pour cela *devenir apparent*. En d'autres termes et plus simplement, le Virtuel *est* sans *apparaître* ; le Formel *est* et *apparaît* tout à la fois ; le Physique n'*est* qu'*apparition* Et par suite encore, le Virtuel est exclusivement en soi *subjectif*, le Physique est *objectivité* pure, le Formel est une complexion de subjectif et d'objectif. Dès lors, maintenant, que l'objectivité n'entre qu'imaginairement dans le Virtuel, comme à son tour la subjectivité n'entre qu'imaginairement dans le Physique, il y aurait lieu de qualifier encore le Virtuel et le Physique de *fausses complexions* inverses d'imaginaire et de réel, quand au contraire le Formel en serait toujours une *vraie complexiou*, par la raison que l'imaginaire et le réel y sont toujours expressément censés s'inclure, au lieu de s'exclure comme dans les deux cas précédents.

Cela posé, voici ce qui s'en suit, en profitant pour cela des notions acquises sur les trois genres d'activité relative. Au lieu d'un seul Absolu Virtuel, nous en avons trois *relatifs*, préludes d'une infinité d'autres : le premier des trois est l'infini Centre de force ou le Sens *longitudinalement* centralisateur ; le second est l'infini Centre de figure ou l'Intellect *transversalement* décentralisateur ; le troisième est l'infini Centre d'action ou l'Esprit médiateur et *rotateur* (1). Ce dernier rôle échoit à l'Es-

(1) Les trois sortes d'exercices *longitudinal, transversal, rotatoire*, sont éminemment remarquables, en ce qu'ils permettent de pénétrer l'intime constitution ou nature des trois agents radicaux *calorifique, lumineux* et *électrique*, comme nous l'exposerons ailleurs, s'il est nécessaire d'être plus explicite sur ce point.

prit à la suite des deux précédents *centralisateur* et *décentralisateur* comme leur résultante. En effet, imaginons en nous-mêmes un mouvement *centripète* de droite à gauche en plan *méridien* le long de l'*axe* dont il atteint le *centre*, auquel mouvement s'adjoint un second mouvement *centrifuge* effectué de bas en haut en plan *équatorial :* nous éprouverons un revirement d'activité comme si nous effectuions une rotation de droite à gauche et de bas en haut. Là, nous donnons cependant tout d'abord et en détail le pas au mouvement par hyp. *transversalement* effectué par nous en plan *méridien*, sur le mouvement *verticalement* effectué dans le même temps en plan *équatorial*, et cela non sans raison pour réelle priorité du premier d'origine ou de nature *sensible* sur le second d'origine ou de nature *intellectuelle*. Mais nous avons appris qu'alors même l'Intellect devait être au moins imaginairement provocateur ou promoteur de l'exercice du Sens. En même temps que se réalise le mouvement susdit *rotatoire* et *dextrogyre*, il doit donc en exister un pareil *lévogyre* aux ordres cette fois de l'Intellect ; et l'Esprit est ainsi tout d'un coup et à la fois — en devenant d'absolu relatif à l'instar du Sens et de l'Intellect simultanément compliqués de subjectif et d'objectif — doublement *rotateur,* comme on l'admet d'ailleurs généralement en optique au sujet de la lumière. De l'Esprit ainsi dédoublé pour alternante initiative de fait ou de raison attribuée tour à tour aux deux genres préalables intellectuel et sensible, — si ces deux genres restent égaux, il ne peut naturellement rien résulter de propre à différencier formellement, l'un de l'autre, le double mouvement circulaire introduit à leur instigation ; mais, si la moindre inégalité s'introduit entre eux, inévitablement elle détermine alors l'apparition d'une *excentricité* naissante et par là même aussi celle d'un double mouvement *elliptique*, ayant chacun ses deux foyers distincts et de plus situés (chose essentielle à remarquer ici) les uns verticalement en plan méridien, les autres verticalement toujours en plan équatorial ; en quoi l'analyse vient complètement à l'appui de nos aperçus synthétiques fondamentaux sur la construction des deux ellipsoïdes. Mais ce n'est pas tout, et nous pouvons ici, mettant à profit ces premiers résultats de la théorie, nous rendre pareillement raison de l'existence et de la génération du troisième et dernier ellipsoïde complémentaire des deux précédents, mais autrement obtenu, comme provenant, lui, non plus de surface elliptique *rotatoire* d'abord dressée *verticalement*, mais de semblable surface couchée *parallèlement* ou même *identiquement* à l'*horizon* dit rationnel ; d'où nous sommes amenés à conclure que la destination de ce troisième ellipsoïde est bien de servir de théâtre spécial à l'Esprit, comme nous avons vu les deux précédents ellipsoïdes adaptés aux deux exercices disparates et même constamment opposés de l'Intellect et du Sens.

11. *Absolument* parlant, l'Activité radicale n'a point diverses manières de se constituer en ellipsoïde, mais une seule : l'ellipsoïde *virtuel* se construit donc dans l'Esprit, comme le *formel* dans l'Intellect, et le *physique* dans le Sens. Mais nous avons vu que *relativement*

il n'en est plus de même ; car, au lieu que les foyers du *physique* sont le lieu de rôles naturels ou non intervertis, les foyers du *formel* sont au contraire le siège de rôles intervertis ou factices ; et de plus, si l'on réfléchit sur la série des orientations possibles des trois surfaces elliptiques génératrices d'ellipsoïdes, on remarque ou trouve aisément que la position *horizontale* tout d'abord attribuable de préférence aux deux premières ne peut rester telle, mais doit devenir *verticale* au moment où l'on se place au point de vue de la troisième ou plutôt de l'Esprit dont elle représente la fonction suprême et résultante. De là nous pouvons maintenant légitimement inférer que, comme institués les derniers, les foyers du *virtuel* doivent être sièges de rôles ou retournés aux naturels, ou convertis en purs rationnels, pour ne plus varier dans aucun cas et rester définitifs. Tous ellipsoïdes petits ou grands sont d'ailleurs évidemment autant d'*absolues* positions trois fois constituées *relativement* en centres ou de force ou de figure ou d'action ; mais, si nous prenions séparément ou considérions abstractivement ces trois aspects ou manières d'être et d'agir, en l'un nous n'apercevrions alors que des manifestations de force, en l'autre que des manifestations d'art, et dans le troisième que des manifestations de vertu ; c'est pourquoi le premier serait une image du monde physique ou terrestre, le second une image du monde formel ou céleste, et le troisième une reproduction du monde virtuel ou cette fois divin. Tandis que ce dernier est maintenant toujours *infini* comme essentiellement exempt (par perfection ou sublimité) de formes *finies* concrètes et ne se prête même pour ainsi dire qu'hypothétiquement à l'accointance de formes abstraites *indéfinies*, si les deux précédents *formel* et *physique*, toujours indéfinis ou finis en premier lieu, veulent ou doivent fonctionner en infinis, c'est alors seulement grâce à cette même accointance avec le *virtuel* toujours infini qu'ils en seront redevables, et leur fusion avec lui par hypothèse une fois faite implique ainsi, chez les êtres à genre soit intellectuel, soit sensible, autant de détachement de leurs formes abstraites ou concrètes, qu'en exige et comporte le pur et parfait Esprit dont ils sont censés avoir en ce moment accepté le concours ou subi l'influence. Ce n'est point, en effet, le fini ni même l'indéfini, qui d'abord ira rechercher hors de soi l'alliance avec l'infini qu'il ne contient pas : c'est donc l'infini, théâtre radical de l'un et de l'autre, qui procède à leur information gratuite par sa présence bénévolement infuse par coexistence originaire, mais dès lors aussi dissoluble, à moins qu'en retour de sa *prévenante* initiative ses hôtes obligés n'usent à leur tour d'initiative *reconnaissante*. Car, toute union de simple coexistence étant évidemment soluble, sa permanence ne demande pas seulement confirmation d'un seul côté, mais des deux côtés à la fois ; et, s'il faut que l'exemple vienne plutôt d'un côté que de l'autre, la spontanéité n'en est pas moins requise pour l'acceptation que pour l'offre ou la provocation ; sans quoi l'union, restant soumise aux chances de rencontres plus ou moins critiques les unes que les autres ou (ce qui revient au même) du hasard, ne peut sortir de l'incertitude lui revenant à l'origine, et d'où il résulte que, faute de bon esprit reconnaissant ou bien au contraire pour assistance de ce même Esprit, tous les êtres intelligents et libres inclus dans l'ellipsoïde *virtuel* complément et résumé des deux autres *formel* et *physique* se divisent finalement en deux classes, à savoir : celle des subjectivement fixes mais objectivement aussi libres qu'ils peuvent le désirer ou vouloir, tous figurables par 1^{+3} ; et celle des non moins subjectivement qu'objectivement instables et dès lors autant incapables de tout accord persistant entre eux qu'avec l'Esprit infini radical lui-même, tous figurables à leur tour par l'expression 1_0^0, dont la signification est que, à la différence des précédents ayant l'univers entier pour domaine, ils sont réduits à ne trouver asile ou domicile nulle part ailleurs que dans ce que nous appellerons (à défaut de meilleur terme) le *sous-sol* de l'être, ou bien dans l'introuvable région des *pures imaginarités* dont l'exiguité ne demande pas plus de place qu'il n'en faut au mouvement hyperbolique pour effectuer dans l'infinie durée du temps la réunion de sa courbe avec son asymptote.

12. L'enchaînement et la rapidité de nos dernières considérations sur le monde *infini* spirituel, nous ont, sinon fait perdre totalement de vue, du moins voilé pendant un certain temps les deux mondes inférieurs *indéfini formel* et *fini physique*; afin d'achever de nous expliquer à leur égard, revenons donc actuellement sur eux et cherchons à nous les figurer tels qu'ils doivent être ou seront après la *disparition*, d'au milieu d'eux, des êtres essentiellement improductifs ou passifs dont nous parlions tout à l'heure, et leur propre mutuelle *apparition* rehaussée des incommensurables avantages leur revenant, soit de l'intime assistance du monde supérieur spirituel, soit de leur propre spontanéité perpétuellement active.

D'abord, la mutuelle inhabitation des trois mondes virtuel, formel et physique l'un en l'autre par inclusion du physique dans le formel et du formel dans le virtuel, a pour effet immédiat de doter leurs êtres intégrants respectifs d'une sorte d'existence triple, leur permettant d'être à la fois comme présents en trois lieux distincts en qualité de membres réels des trois mondes associés, et de s'en approprier en conséquence tous les avantages, comme habitant chacun en l'*infini* par leur virtualité, en l'*indéfini* par leur intelligence, en le *fini* par leur sensibilité. Puis, leur spontanéité propre a pour effet de contribuer puissamment aux avantages d'une aussi glorieuse faculté de multiplication personnelle relative, en ce qu'elle leur ouvre un vaste champ d'opérations de toute nature sans abandon de leur propre essence initiale et caractéristique, de sorte qu'il n'y a rien en aucun, qui ne puisse se retrouver par imitation ou reproduction en un autre. Ainsi, par exemple, la *scintillation* qui présentement est le privilège exclusif des êtres célestes stellaires cessera certainement de leur appartenir et deviendra le partage, non seulement des êtres constitués en l'état de planète ou de satellite, mais jusques des êtres actuellement tout terrestres, dès lors que, après s'en être montrés dignes par leurs œuvres, ils seront entrés en pleine participation de l'état *virtuel* divin, parce qu'alors la connexité qui présentement relie profondément par sensation ou sentiment tous les êtres stellaires entre eux, refluera sur les êtres terrestres une fois transformés, et leur permettra de prendre pied dans les cieux avec la même facilité qu'auront acquis les habitants des cieux de prendre domicile en terre.

De ce que, maintenant, les cieux et la terre doivent finalement exister en pleine communication ou participation de leurs avantages actuels respectifs, ne nous hâtons point cependant d'inférer que toute *individualité* devra désormais apparaître sombrer dans cette apparente uniformisation universelle, car les *individualités* n'y seront pas moins propres à se faire jour que les *espèces* elles-mêmes. La banalité des formes *spéciales* abstraites ou concrètes a pour incessant correctif le *groupement* infiniment diversifiable de leurs trois éléments constitutifs qui sont, en l'état lumineux scintillant ici fondamental, la *fréquence*, la *couleur* et l'*intensité*. Parlons de la coloration : elle est rouge, orangée, jaune, etc. Mais on sait bien que, de toutes ces couleurs étalées en spectre, l'intensité varie notablement indépendamment de la teinte : ainsi, toutes les étoiles bleues n'ont point le même éclat, ni les étoiles jaunes ou rouges non plus. Ce n'est pas tout : ni les rouges ne scintillent aussi fréquemment que les jaunes, ni les jaunes aussi fréquemment que les bleues. Les trois sortes d'indices fournis par l'intensité, la couleur ou la fréquence, admettent donc chacun en eux-mêmes, et par là même en association, une infinité de degrés différentiels en *qualité, quantité, nombre* ou *mesure ;* et force est dès lors de reconnaître que, entrés et disséminés dans l'immensité de l'espace foncièrement obscur (1) mais d'autant plus ouvert à tout rayonnement singulier aussi bien que spécial, tous leurs composés individuels pourront s'offrir avec cette même note d'*individualité* dominante au point que, sous chacune de leurs apparitions, on soit sûr de retrouver et voir la

---

(1) Nous supposons ici compris du lecteur que la lumière diffuse, provenant à nos yeux de réflexions et réfractions atmosphériques, n'existe point dans l'espace infini.

personnalité réelle sous tendante, sans détriment de la faculté de remonter incessamment de l'*individualité* à l'*espèce*, ainsi que de l'*espèce* au *genre*, à travers toutes les formes de graduation imaginables, et cela comme si l'on était nanti d'une langue ou mesure universelle suppléant toute contention d'esprit ou calcul de la pensée. Le langage vulgaire n'est que l'expression des apparences sensibles ; le langage présentement réputé scientifique n'est encore que l'expression des théories rationnelles régnantes, visant à corriger les imperfections du précédent ; le vrai calcul scientifique futur mais éternel sera l'expression adéquate de l'universelle causalité passant par tous les degrés de fonctionnement virtuel, formel et physique, instinctivement appréciable, dont au § 10 nous avons essayé de nous faire une idée sommaire.

FIN.

TABLE DES MATIÈRES

	§§
Avant-propos	
Contestée mais réelle équivalence des deux mondes terrestre et céleste	1
Rôles respectifs central du terrestre, périphérique du céleste	2
Constitution ellipsoïdale, disposition inverse, grandeur inégale, nature spéciale opposée de ces deux mondes	3
Leurs mouvements respectifs simples ou composés	4
Limitation obligée du monde terrestre	5
Évolution indéfinie du monde céleste	6
Leur origine commune et fonctionnement inverse sans préjudice d'un parfait raccordement	7
Rôles respectifs des deux genres Intellect et Sens dans les deux mondes	8
Avènement du troisième ellipsoïde, complément et résumé des précédents, et respectivement spirituel	9
Plénitude du rôle de l'Esprit et rapide exposé de ses opérations	10
Subordination des deux premiers ellipsoïdes au troisième essentiellement infini	11
Rôles des personnalités dans les trois ellipsoïdes associés et superposés	12

FIN DE LA TABLE

Sous presse : *Le Temps*, 1 vol. in-12.

www.ingramcontent.com/pod-product-compliance
Lightning Source LLC
LaVergne TN
LVHW021008090426
835512LV00009B/2148